Einleitung

Für Dekorationszwecke bedient man sich schon seit längerer Zeit der Kunstblumen; sie brauchen keine Pflege und dank ihrer Buntheit, werten sie manche dunkle Ecke auf, in der Frischblumen sich nicht wohlfühlen würden. Im Laufe der letzten Jahre haben Kunstblumen eine beachtliche Perfektion erreicht, denken wir nur an die größtenteils aus Ostasien kommenden Seidenblumen, die man heute in vielen Wohnungen und Geschäftsräumen findet.
Diese Anleitung befaßt sich mit der Herstellung von stilisierten Blumen und Gebinden aus Strumpfgewebe. Das dünne und sehr dehnbare Gewebe läßt sich leicht über eine Form aus Draht spannen. Die Transparenz dieser Gewebe eignet sich, in Verbindung mit den zarten Farben, vorzüglich zum Basteln von optisch sehr effektvollen Blumen. Im Unterschied zum Tauchlack lassen sich erheblich größere Drahtformen überspannen, sodaß man auch Partyblumen und andere großformatige Dekorationen herstellen kann.
Blumen, Kränze und Gebinde aus Strumpfgewebe sind leicht zu machen: es erfordert keine besondere Geschicklichkeit, kaum Werkzeug, auch ist Strumpfgewebe überall in vielen Farben erhältlich. Selbstverständlich kann man auch abgelegte Strümpfe dazu verwenden, allerdings wird man sie entfärben und dann neu färben müssen.
Hier wird alles gezeigt und erläutert, was man dazu wissen muß. Viele bunte Bilder regen die Freude am eigenen Gestalten von phantasievollen Blumen und Gebinden an. Schon nach den ersten Versuchen werden Sie erfreut feststellen, wieviel Spaß es macht, solche Blumendekorationen für die Wohnung und zu vielen freudigen Anlässen aus Strumpfgewebe selbst herzustellen.
Viel Freude macht das gemeinsame Basteln in der Familie; aber auch Jugend-, Frauen- und Senioren-Gruppen werden sich für das Blumenbasteln aus Strumpfgewebe begeistern.

Nur so wenig braucht man an Material und Werkzeug

Das meiste findet sich vornehmlich im Haushalt: Strumpfgewebe in Form von abgelegten Strümpfen und Strumpfhosen, die man selbst entfärben und in jeder gewünschten Farbe neu einfärben kann. Speziell für das Blumenbasteln gibt es heute Strumpfgewebe in vielen Farben zu kaufen.

Schöne Gestecke und Sträuße erhält man, wenn man die Blumen mit selbstgesammeltem Naturmaterial arrangiert; ein großes Angebot an Trockenmaterial findet man auch in den Geschäften.

Silber-, Kupfer- oder Blumendraht, Draht oder isoliertes Kupferkabel zum Verstärken, dünnen Draht zum Binden, Gewebeband, Floristenband in grün und braun, möglichst in verschiedener Breite, Blumenschere, Seitenschneider, Flachzange, Haushaltsschere.

Es gibt verschiedene Möglichkeiten, Blätter herzustellen

Erste Reihe: Blatt 1 und 3 aus Gewebeband bzw. Floristenband.
Blatt 2 und 4 mit Lackfarbe bemalte Lorbeerblätter.

Zweite Reihe: Blatt 1 und 4 aus Strumpfgewebe.
Blatt 2 und 3 aus Gewebeband.

Blätter aus Gewebeband, Floristenband, Kreppapier (erhältlich in vielen bunten Farben): ein durchgehender Draht wird zwischen zwei Lagen Gewebe- oder Floristenband gelegt. Das Band wird angedrückt und in die gewünschte Blattform geschnitten. Diese Art eignet sich besonders gut für gezackte Blätter, wie z. B. für Rosenblätter.

Blätter aus Strumpfgewebe: sie werden wie Blütenblätter hergestellt. Gezackte Formen lassen sich schwer realisieren.

Ruskusblätter: die dunkelgrüne Naturfarbe ist ein zu harter Kontrast zu den zarten Farben des Gewebes; sie wird durch Übermalen mit hellgrüner Lackfarbe gemildert.

Lackiertes Naturmaterial: Lorbeerblätter sind lackiert weniger spröd; sie lassen sich dann leichter bearbeiten.

So entstehen Blütenblätter

Die Grundform ist stets rund. Nur die Größe ändert sich je nach Art der Blätter. Im Haushalt findet man jede Menge runder Formen in Gestalt von Dosen und Medikamentenröhrchen, die sich für die Herstellung der Drahtschlingen gut eignen.

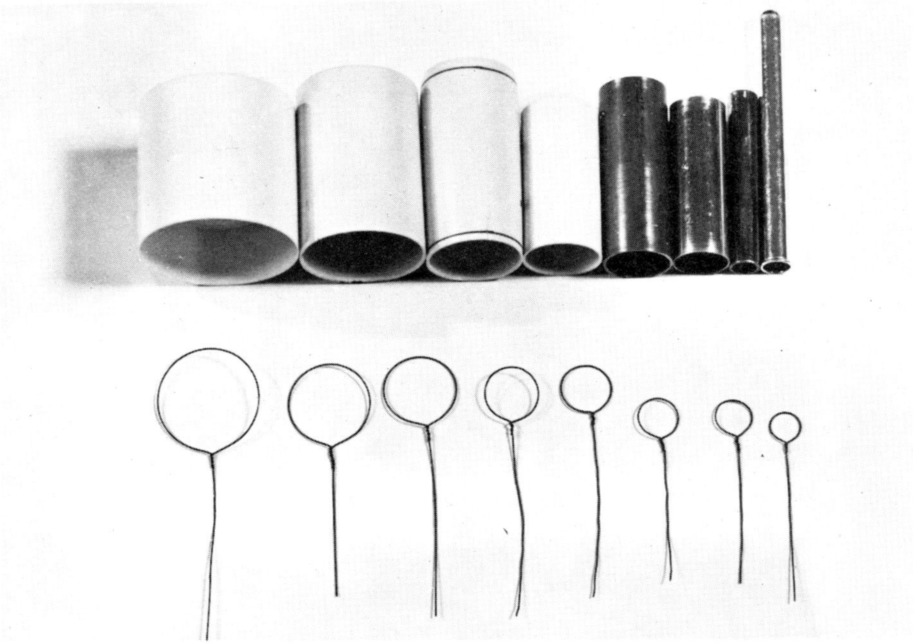

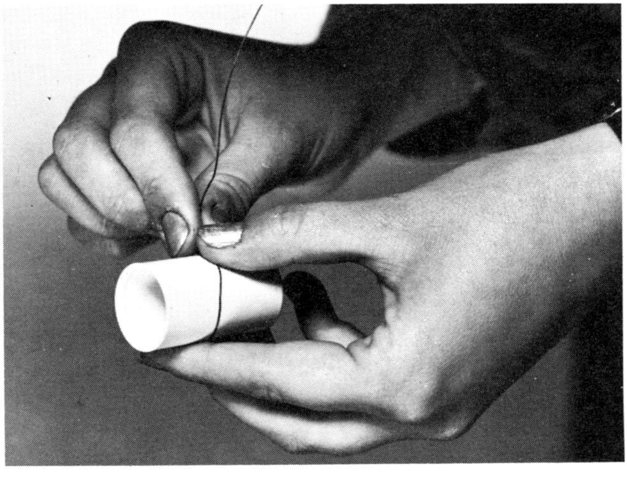

Das Foto zeigt, was schon jedes Kind kann: der Silberdraht wird einmal um den runden Körper gelegt, angespannt, und das kürzere Ende mit dem späteren Blatt- oder Blütenstiel verdrillt. So entstehen Drahtformen, die in Größe und Form gleich sind.

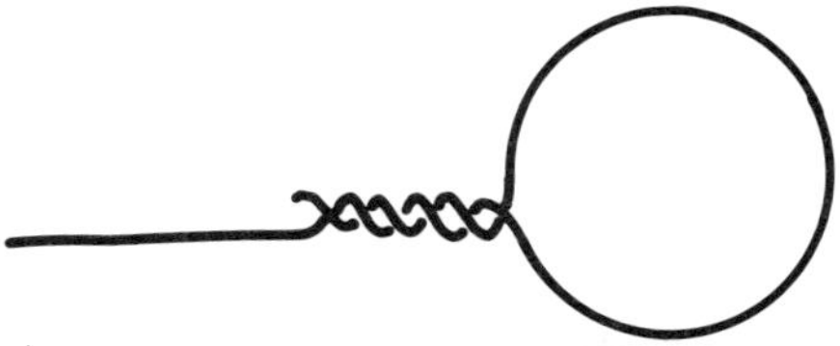

Über die Drahtform wird das Strumpfgewebe gespannt. Dabei oberen Rand so viel überstehen lassen, daß das Gewebe über die Form gezogen werden kann. Das Blütenblatt besteht also aus zwei Gewebelagen.

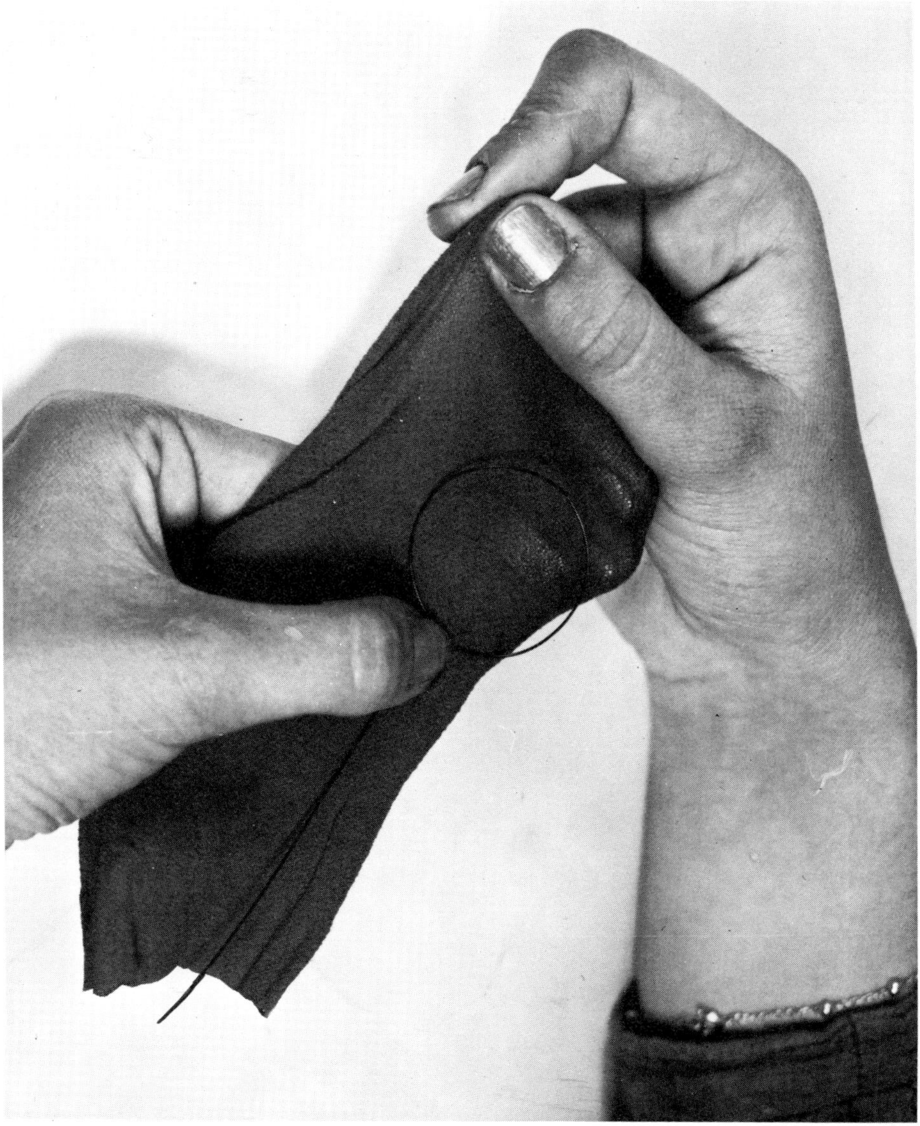

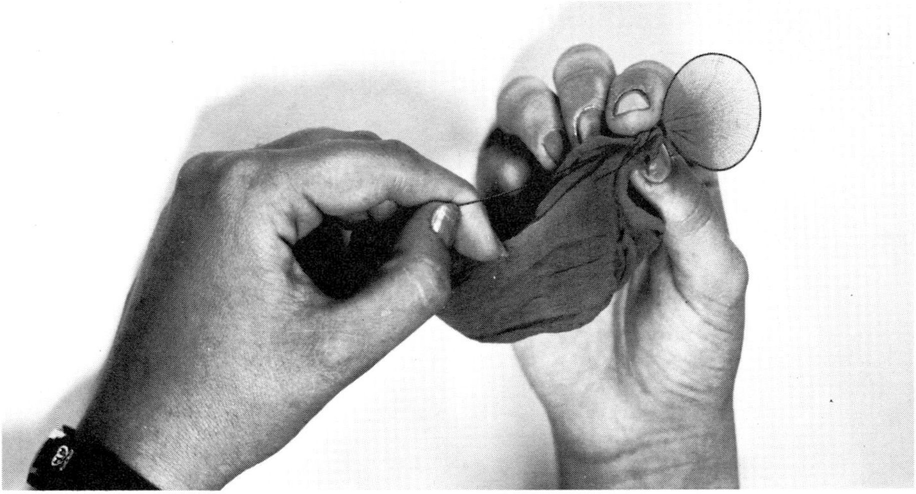

Das Gewebe wird beim Überziehen der Drahtform gespannt. Vorsicht! Bei zu starkem Spannen kann sich die Drahtschlinge verformen. Im Foto ist die Form bereits mit dünnem Draht abgebunden. Das restliche Gewebe wird am Schnittpunkt der Verdrahtung sorgfältig abgeschnitten. Nun ist ein einzelnes Blütenblatt

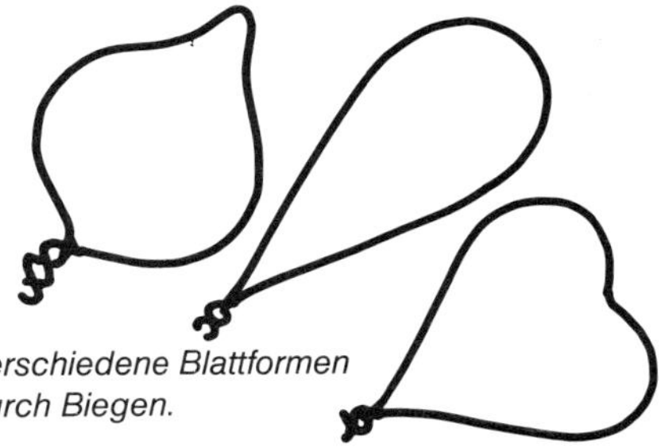

Verschiedene Blattformen durch Biegen.

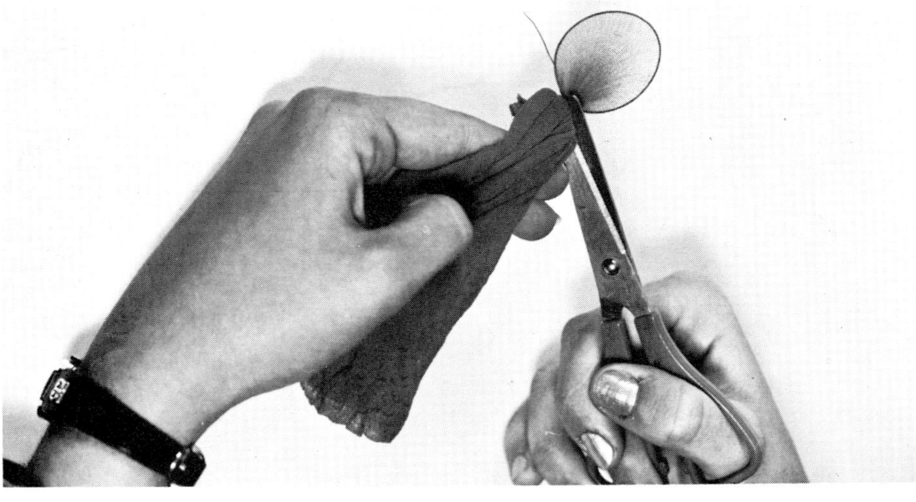

fertig. Für unsere erste Blüte brauchen wir 5 solche gleichgroßen Blätter in derselben Farbe.
Je nach Art kann nun die Blume, Blatt für Blatt – hier sind es fünf Blätter – „montiert" werden. In der Mitte werden gleichzeitig Staubgefäße mitgefaßt. Dann wird alles mit Myrthendraht zusammengebunden.

Die mit Draht abgebundene Blume wird am Kelch fest mit grünem Floristenband umwickelt, damit keine Drähte mehr sichtbar sind. Es geht besser, wenn man dabei die Blätter etwas nach oben biegt.
Nun wird der Stiel nach unten umwickelt, wobei das bereits vorbereitete grüne Blatt mitgefaßt wird.

So sieht die fertige Blume aus. Die einzelnen Blätter werden in die gewünschte Form gebogen: Blume mit der linken Hand halten, Daumen und Mittelfinger der rechten Hand halten das Blütenblatt. Dann mit Zeigefinger leicht nach unten drücken und formen.

Spitze Blütenblätter sind beim Formen etwas in die Länge zu ziehen.

Staubgefäße, Stempel und Blütenmitte

Staubgefäße gibt es in großer Auswahl in Bastelgeschäften. Man kann sie auch selbst aus verschiedenen Materialien herstellen.

Plastiknetze: Häufig ist darin Obst verpackt. Kleingeschnittene Stücke werden, ähnlich den Staubgefäßen, zusammengefaßt und mit dünnem Draht umwickelt.

Gräser: in natur oder mit Holzbeize eingefärbt.

Bast: fein geschnitten und zusammengebunden.

Perlen: auf Draht fassen.

Strumpfgewebe: 7 x 50 mm breite Streifen schneiden. Fest durch die Finger gezogen, ergeben sich Röllchen. In kleinen Schlingen legen und mit Draht binden. Oder je nach Größe der Blumen ein Stück Strumpfgewebe doppelt legen, schräg aufrollen und mit Draht binden.

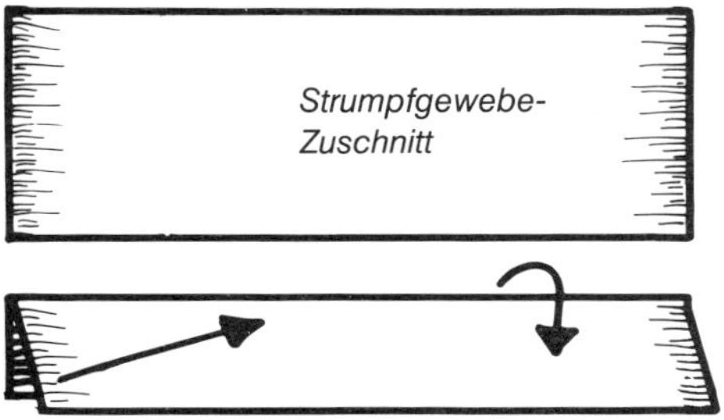

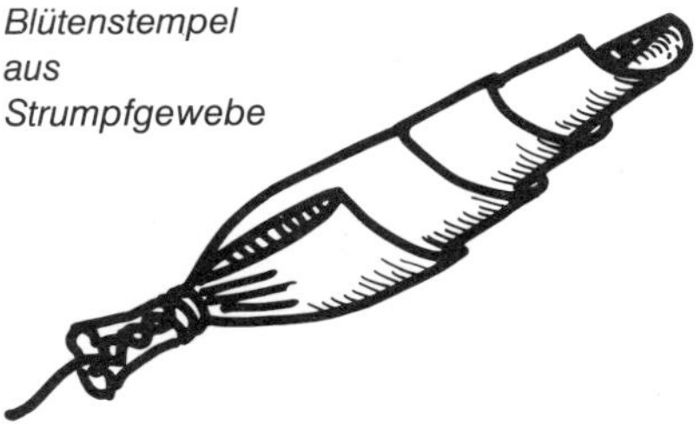

In der Mitte zusammenlegen und in Pfeilrichtung schräg zum Stempel aufrollen. Mit Draht binden.

Einfacher Blumenstrauß

Wir brauchen dazu: weißes, braunes und orangefarbenes Gewebe, Draht für die Formen, Myrthendraht, Floristenband.

Drahtformen für die Blütenblätter mit je 8 cm Durchmesser herstellen. Jede Blüte besteht aus 3 Blättern. Die Blütenmitte ist ein Stempel aus schräg gewickeltem braunem Gewebe; auch die Blätter sind braun.
Blütenblätter um den Stempel legen und mit Draht befestigen. Kelch mit braunem Floristenband umwickeln, Blatt am Stiel mitfassen.

Bunter Strauß

Wir brauchen dazu: buntes Strumpfgewebe. Draht für die Formen, grünes und braunes Floristenband, Staubgefäße, Kabel für die Blütenäste, Myrthedraht.

Blütenblätter in verschiedenen Größen herstellen. Für die Knospen Gewebe doppelt nehmen. Blütenkelch und etwa 5 cm des Stiels mit grünem Floristenband umwickeln. Dann Knospen mit braunem Floristenband am Ast befestigen.
Oben mit der kleinsten Blüte beginnen, jeweils ein grünes Blatt mitfassen, mit braunem Band schräg nach unten an das Kabel wickeln, dabei Knospen, Blätter und Blüten harmonisch verteilen.
Bei größeren Blütenästen etwa ab der untersten Blüte zusätzliches Kabel zur Verstärkung einwickeln.
Nach Fertigstellung Blüten und Blätter in die gewünschte Form biegen.
So einfach lassen sich schöne, haltbare Blumensträuße herstellen.
Bei der Vielfalt des angebotenen farbigen Materials findet man bestimmt den passenden Farbton für den Wohnraum.

Großer Strauß mit Trockenmaterial

Wir brauchen dazu: rot gefärbtes Strumpfgewebe, Draht, Floristenband, weiße Staubgefäße, Kabel für Stiele, Trockenmaterial, selbstklebendes Gewebeband.

Verschieden große Blumen herstellen. Dazu Blätter aus grünem Gewebeband. Mit der kleinsten Blüte anfangen. Blütenkelch und etwa 5 cm des Stiels jeder Blüte mit grünem Floristenband umwickeln. Blüte mit Blatt anlegen und mit braunem Band schräg nach unten wickeln. Das Kabel kurz nach dem obersten Blütenkelch anlegen und umwickeln. Blüten und Trokkenmaterial harmonisch verteilen und in Verbindung mit verschiedenen, dazu passenden Naturmaterialien einen schönen Strauß binden. Es empfiehlt sich, die Stiele mit dickeren Drähten zu verstärken.

Kleine weihnachtliche Gestecke

Bei einem Waldspaziergang findet man vieles, das man dazu verwenden könnte: Zäpfchen, schöne Gräser, Bucheckern, Tannenzweige. Auch Mohnkapseln und Ruskuszweige eignen sich dafür. Dieses Trockenmaterial läßt sich auch mit Goldspray färben.

Adventsgesteck auf kleiner Kachel

Wir brauchen dazu: Kerze, Oasis-Fix-Klebeband, Knetmasse, Lärchenzapfen, Bucheckern, Lackfrüchte, Band, Strumpfgewebe, Draht, einige Perlen, Goldspray, Ruskus.

Die aus Strumpfgewebe gefertigten Blumen mit Goldspray färben. In die Mitte eine kleine rote Perle kleben. Auf Unterlage Oasis-Fix kleben; Kerze fest daraufdrükken. Um die Kerze einen Ring aus Knetmasse legen. Darauf gut arrangieren: Zäpfchen, Blumen, Ruskus, Bucheckern, Lackfrüchte. Aus dem Band eine Schleife binden und mit Draht in der Knetmasse befestigen.

Adventsgesteck auf Körbchen

Benötigtes Material wie links angegeben. Zusätzlich: Staubgefäße.

Als Unterlage dient hier ein umgekehrt liegendes Körbchen. Genauso gut könnte man das Gesteck auf einer Wurzel oder einer Spanplatte aufbauen. Bevor die Kerze fest auf die Klebemasse (Oasis-Fix) gedrückt wird, sollte unten die farbige Schicht abgeschnitten werden. Rings um die Kerze einen Ring aus Knetmasse legen, in die wir Blumen, Ruskus, angedrahtete Zäpfchen und die Schleife stecken.

Eine fantasievolle Blumenranke schmückt diesen originellen Kerzenständer aus Glas.

Wir brauchen dazu: Kerzenständer, passende Kerze, buntes Gewebe, Draht, grünes Floristenband, kleine weiße Perlen.

Verschieden große Blümchen herstellen. Stiele von Blüten und Blättern müssen länger sein, damit sie sich leichter zu einer Ranke binden lassen.
Wir brauchen für diesen Kerzenständer 10 Blüten und 10 grüne Blätter. Kleine, auf Draht gefaßte Perlen bilden die Blütenmitte. Mit der kleinsten Blüte oben beginnen und nach unten mit grünem Floristenband die Ranke wickeln, die wir um den Kerzenhalter winden.
Eine zusätzliche Ranke mit denselben Blüten zu beiden Seiten des Kerzenhalters würde die festliche Wirkung voll erhöhen.

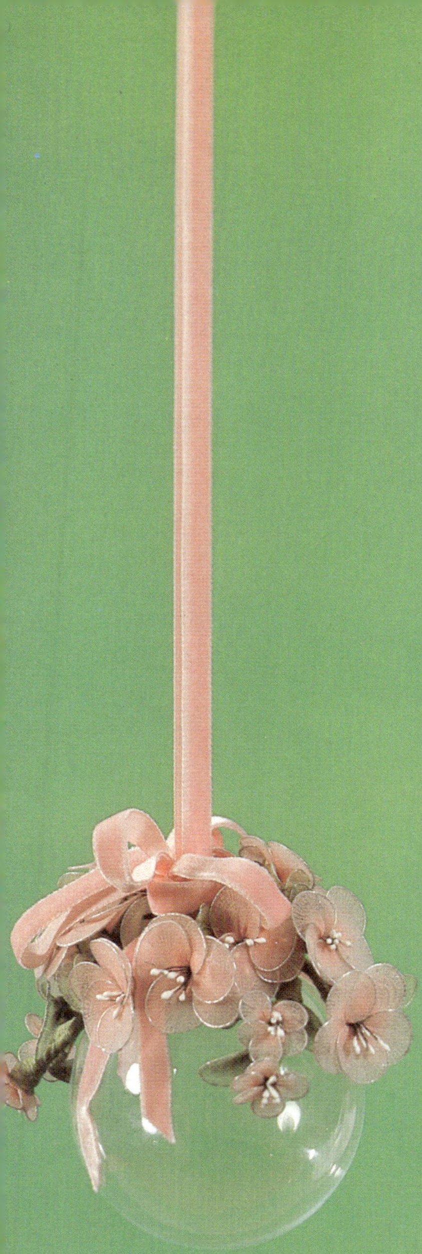

Blumengesteck auf Glaskugeln

Wir brauchen dazu: buntes Strumpfgewebe, Draht, Staubgefäße, grünes Floristenband, Lärchenzapfen, Bucheckern, Ruskus, Glaskugel (vom Weihnachtsbaum), Oasis-Fix-Klebeband.

An der Glaskugel um die Drahthalterung des Aufhängers einen Streifen Oasis-Fix andrücken. Kleine Blumen in verschiedener Größe herstellen. In die Klebemasse stecken wir die Stiele der Blumen und die angedrahteten Zäpfchen, Bucheckern und Ruskuszweige. Samtbandaufhänger und Schleife werden mit Draht befestigt.

Ein lieblicher Osterstrauß

Wir brauchen dazu: gelbes, grünes und rosafarbenes Strumpfgewebe. Blumendraht für die Form, Myrthendraht zum Binden, Floristenband, Miniaturkörbchen, Ostereier, Kabel oder Zweige.

Drahtform für die Forsythien über Tablettenröhrchen drehen. Für die Blütenmitte einen etwa 7 mm breiten gelben Streifen schneiden, fest durch die Finger ziehen, damit ein Röllchen entsteht. Daraus Schlingen formen, mit Myrthendraht zusammenbinden. 4 gelbe Blütenblättchen zusammen mit den Schlingen als Mittelpunkt befestigen und formen. Mit Floristenband am Kabelstiel anwickeln. Für die rosa Blüten je 4 Blättchen anfertigen. Drahtform etwa 15 mm Durchmesser. Staubgefäße zwischen Blütenblätter einbinden. Mit grünem Floristenband (etwa 3 cm) umwickeln. Befestigung am Kabelstiel durch braunes Floristenband.

Biedermeierstrauß

Wir brauchen dazu: buntes Strumpfgewebe, Draht, Floristenband, Staubgefäße, Biedermeiermanschette.

Je Blüte 5 Blütenblätter herstellen. Drahtform 3 cm Durchmesser. Staubgefäße mit Myrthendraht zusammenbinden. Blütenblätter (ein Blatt über das andere legen) und Staubgefäße mit Myrthendraht fest umwickeln. Blätter aus grünem Gewebe herstellen. Kelch mit Floristenband umwickeln, Blatt am Stiel anlegen und mit Floristenband schräg umwickeln. Blüten und Blätter zu einem Gebinde ordnen, in Biedermeiermanschette stecken, Stiele mit Band umwickeln.

Kränzchen und Biedermeiersträußchen

Wir brauchen dazu: Strumpfgewebe in verschiedenen Aquarelltönen, grünes und weißes Floristenband, Draht, Myrthendraht, Staubgefäße, Biedermeiermanschette.

Kleine Fantasieblümchen aus verschieden farbigem Gewebe herstellen und zusammen mit grünen Blättern zu einer Ranke binden. Erste und letzte Blume zum Kranz zusammenbinden. Mit diesem Kränzchen und dem dazugehörenden Biedermeiersträußchen aus denselben Blumen wird ein kleines Mädchen bei einer Hochzeit Aufsehen erregen.

Ein bunter Feldblumenstrauß

Wir brauchen dazu: verschiedene Kornähren, buntes Strumpfgewebe, Draht, Staubgefäße, Floristenband.

Margerite:
Drahtform biegen. Für jede Margerite 8 bis 10 Blütenblätter herstellen. Für die Blütenmitte etwas gelben Stoff zu einem runden Knopf formen und mit Draht abbinden. Um diese Mitte Blütenblätter binden.

Klatschmohn:
Gestärktes Gewebe verwenden. Je Blume 6 bis 8 Blütenblätter schneiden; Durchmesser etwa 7 cm. Die Mitte bildet ein schwarzer Knopf aus Filz oder Gewebe. Staubgefäße mit Blütenblätter einbinden. Grüne Blätter aus Gewebeband fertigen. Um den Kelch einen dickeren Draht wickeln und in gewünschter Stiellänge abzwicken. Kelch mit Floristenband umwikkeln. Wenn nötig, zur Verstärkung noch einen weiteren Draht mitfassen.

Kornblumen:
Gestärktes Strumpfgewebe verwenden. Je Blume 6 Kreise mit 8 cm Durchmesser schneiden. Kreise einzeln zusammenlegen und an den Rändern gezackt einschneiden. Blumen zusammenbinden.

Butterblumen:
Ebenfalls gestärktes Strumpfgewebe verwenden. 8 Kreise zu je 4 cm Durchmesser schneiden. Staubgefäße andrahten. Blätter harmonisch verteilen und mit Draht binden.

Blumengesteck mit Kerze

Wir brauchen dazu: Styroporring mit 15 cm Durchmesser, Strohborte, Holzscheibe zur Befestigung der Kerze, buntes Strumpfgewebe, selbstklebendes Gewebeband für Blätter.

Jede Blume besteht aus 6 Blütenblättern. Die grünen Blätter aus selbstklebendem Gewebeband herstellen. Staubgefäße zwischen 3 Blütenblätter fassen und mit Myrthendraht zusammenbinden. Die nächsten 3 Blätter dazu versetzt binden. Kelch, Blatt und Stiel mit Floristenband umwickeln. Mit der kleinsten Blume anfangen. Eine Ranke besteht aus 3 Blumen.

Strohborte am Anfang mit 2 Stecknadeln befestigen; um Styroporring gleichmäßig wickeln. Dabei Borte innen etwas übereinanderlegen, da der innere Ring kleiner ist. Das Ende der Borte wiederum mit 2 Stecknadeln befestigen.

Um Holzscheibe Strohborte kleben; Scheibe mit Nagel auf Kranz befestigen. Borte zur Schleife legen und im Ring mit Nadeln befestigen. Oasis-Fix auf dem Holzscheibchen hält die Kerze fest. Ranken mit großen Stecknadeln auf dem Kranz befestigen.

Korb mit Stiefmütterchen

Wir brauchen dazu: buntes Strumpfgewebe, Blumendraht, Myrthendraht zum Binden, grünes Floristenband, gelbe und schwarze Filzreste, Filzstifte, Klebstoff, Knetmasse oder Trockensteckschwamm.

Für jedes Stiefmütterchen benötigt man 5 Blütenblätter. Schlingendurchmesser 2,5 cm. Als Blütenmitte schwarze und gelbe Filzstreifen zwischen die Blütenblätter binden. Blütenmitte zusätzlich mit Filzstift bemalen.

Aus gestärktem Gewebe grüne Blätter herstellen: 2 Stofflagen innen mit Alleskleber bestreichen, Draht für Stiel dazwischenlegen. Fest andrücken. Blattform schneiden – hier mit gezacktem Rand. Adern mit Filzstift auf Blätter malen. Knetmasse oder Trockensteckschwamm im Körbchen befestigen und farbige Blumen gut verteilt stecken.

Gestecke

Wir brauchen dazu: buntes Strumpfgewebe, Draht für die Formen, Myrthendraht, braunes Floristenband, Kabel für die Stiele, Farn und Blätter aus dem Blumengeschäft, Steckgefäß, Steckschwamm.

Verschieden große Blüten herstellen. Jeweils mit der kleinsten Blüte oben beginnen. Die Stempel für die Blütenmitte sind aus dunklem Strumpfgewebe. Das Gefäß mit Steckschwamm füllen. Blätter, Blüten, Farn und anderes, dazu passendes Naturmaterial harmonisch arrangieren.

Weiß man, wo ein Gesteck plaziert werden soll, wählt man Blumenfarben, die zum Hintergrund passen: harmonisch kontrastierend oder Ton-in-Ton.

Kleiner goldener Kranz

Wir brauchen dazu: Strumpfgewebe für die Blumen, Blumendraht, Myrthendraht zum Binden, Lärchenzäpfchen, Bucheckern, Perlen oder kleine Lackfrüchte, Ruskus, Goldspray, Styroporring, Band für Aufhänger und Schleife.

Selbstgesammeltes Material, das wir bei einem Spaziergang in Feld und Wald finden, läßt sich zu einem solchen Kranz verarbeiten. Manches wirkt goldbesprüht sehr wertvoll – auch die Blütenblätter wurden vor dem Zusammenbinden mit Goldspray vergoldet.

Nach dem Trocknen wird angedrahtet und das gesammelte Material im Wechsel mit den Blumen auf den Ring gesteckt. Ruskus mit Alleskleber dazwischenkleben. Aufhänger und Schleife mit Stecknadeln am Ring befestigen.

Seerose mit Kerze

Wir brauchen dazu: weißes, grünes und gelbes Strumpfgewebe, versilberten Draht, Myrthendraht zum Binden, Kerze, 3 große Blätter aus dem Bastelgeschäft. Unterlage: z. B. große Kachel oder einen geflochtenen Untersatz – dazu ein paar schöne Steine.

Für die Seerose braucht man 24 Drahtschlingen mit 5 cm Durchmesser: 18 für die weißen Blütenblätter, 6 für die grünen Kelchblätter.

Für die Blütenmitte einen Streifen gelbes Gewebe fein einschneiden und mit Draht zusammenbinden. Um die Blütenmitte 3 Reihen zu je 6 Blütenblätter versetzt binden. 6 grüne Kelchblätter darunter befestigen.
Zum Festmachen auf der Unterlage brauchen wir Oasis-Fix-Klebeband und ein walnußgroßes Stück Knetmasse.
Um die Seerose herum die 3 großen Blätter auf Knetmasse arrangieren. Kerze auf etwa 2 cm Oasis-Fix drücken. Die um die Kerze aufgeklebten Steine runden das Gesteck ab; ihre Aderung bringt Klarlack noch besser zur Geltung.

Aldea

Partyblumen

Aus dem Strumpfgewebe lassen sich auch großformatige Partyblumen in fantasievollen Farben und Formen (selbstgefärbt und selbstentworfen!) anfertigen.
Zum Abschied könnte man die Gäste mit einer solchen Blume erfreuen. Viele werden dann spontan nach einer Anleitung fragen, um selbst solche reizenden Blumen machen zu können.

Wir brauchen dazu: dicken Draht, weißes und buntes Strumpfgewebe, Myrthendraht, Staubgefäße, Verpackungsnetze in verschiedenen Farben, Farbspray, Kabel für die Stiele.

Je größer die Blumenblätter, umso stärker muß der Draht für die Form sein, damit sie sich beim Überspannen nicht verbiegt.
Die Drahtform für die großen Partyblumen hat einen Durchmesser von 8 bis 10 cm.

Jede Blume besteht aus 5 Blättern. Zum Besprühen mit Farbspray wird das noch ungeformte Blatt auf ein Zeitungspapier gelegt. Als Form dient ein Joghurtbecher oder eine selbstgeschnittene Pappschablone. Beim Besprühen die Blütenblätter auf die Unterlage drücken. Aus doppelt gelegtem Gewebe Blütenstempel wickeln. Blume mit Myrthendraht zusammenbinden und Kabelstiel mit Floristenband umwickeln, dabei Blatt mit anwickeln.

Kleinere Partyblumen

Blütenblätter werden mit Drahtformen von 7–8 cm Durchmesser hergestellt. Aus bunten Verpackungsnetzen 10 cm breite Streifen schneiden. Den Schlauch nach innen schlagen. Staubgefäße dazwischenlegen. Mit Myrthendraht fest zusammenbinden. Um diese Mitte drei Blütenblätter binden. Grüne Blätter formen und beim Umwickeln des Kabelstiels mit befestigen.

Ansteckblumen

Ansteckblumen sind wieder modern! Es macht viel Freude, sie zum Kleid oder Kostüm passend selbst herzustellen. Eine hübsche Ansteckblume ist auch als Geschenk immer willkommen.

Kleine Blumen sind auch ein aparter Haarschmuck: man wickelt eine kleine Spange oder eine Haarklammer mit dünnem Draht unter die Blumen und umwickelt mit Floristenband. Auch auf einem Band aufgenäht, sehen diese kleinen Blümchen als Haarschmuck ganz reizend aus.
Bei einem festlichen Anlaß sind diese bunten Fantasieblumen als Beigabe zu einer Tischkarte ein origineller Tischschmuck. Jeder Gast wird sich freuen, sie mitnehmen zu dürfen.

Mit ein bißchen Geschick lassen sich viele eigene Ideen leicht verwirklichen. Anregungen findet man in Blumenbüchern.

Weiße Ansteckblumen

Wir brauchen dazu: Strumpfgewebe, Draht, Staubgefäße, Floristenband, schwarzen Filz, Filzstift.

Dem Verwendungszweck entsprechend kleine Blümchen herstellen. Drahtform etwa 2 cm Durchmesser. Für die Blütenmitte mit dem Locher schwarze Punkte ausstanzen. Blütenblätter mit den Staubgefäßen fassen und zu Blümchen binden. Zwischen die Staubgefäße den schwarzen Punkt kleben. Mit einem farbigen Filzstift vom Rand her kleine Striche um die Blütenblätter malen.

Hals- und Haarschmuck

Wir brauchen dazu:
1 Stück Band, Strumpfgewebe, Draht, Staubgefäße, selbstklebendes Gewebeband, Floristenband, 1 kleines Kämmchen oder Spange.

Aus dem Strumpfgewebe kleine Blümchen herstellen. Blättchen aus Gewebeband mit anwickeln.
Für den Halsschmuck kleines Sträußchen auf ein Samtband nähen.
Für den Haarschmuck werden die Blümchen zwischen den Zacken des Kammes befestigt. Stiel durch zwei Zacken schieben, um den Kamm herumschlingen und nach hinten durch die nächsten Zacken stecken.

Holzspanschachtel

Wir brauchen dazu: 1 Spanschachtel, Geschenkpapier, 1 Rest Spitze oder Borte, Tapetenkleister, Strumpfgewebe, Draht, Staubgefäße, Gewebeband für Blättchen, Knetmasse.

Die Spanschachtel wird mit dem Geschenkpapier „tapeziert". Kreis für den Deckel 1 cm breiter als Durchmesser schneiden. Die Streifen für Deckelrand und Unterteil der Schachtel doppelt breit schneiden. Mit Tapetenkleister nun das Papier auf der Innenseite einstreichen. Kreis auf den Deckel legen und überstehendes Papier auf den Rand drücken, dabei die entstandenen Fältchen gut ausstreichen. Streifen auf den Rand kleben und nach innen umschlagen, ebenso den Streifen für das Unterteil.
Kleine Blümchen und Blättchen aus Gewebeband herstellen. Ein Stückchen Knetmasse auf Deckelmitte drücken und die Blümchen darin befestigen. Die Stiele ca. 2 cm lang machen.

Dekorative Blumentöpfe „pflegeleicht“

Alpenveilchen

Wir brauchen dazu: Blumentopf, Hobbyfarbe, Steckschwamm, buntes Strumpfgewebe, Draht, Floristenband, schwarzen Filzstift.

Jedes Alpenveilchen besteht aus 5 Blütenblättern. Die Drahtform hat 5 cm Durchmesser.
Blätter zusammenbinden; in die Mitte kommen dunkle Staubgefäße. Kelch und Stiel umwickeln und biegen. Blumenblätter in die typische Form der Alpenveilchen biegen. Für die Knospen einen doppelten Streifen wickeln. Die grünen Blätter etwas größer machen als die Blüten. Blumentopf mit Steckmasse versehen. Blumen und Blätter hübsch anordnen.

Usambaraveilchen

Wir brauchen dazu: violettes und grünes Strumpfgewebe, gelbe Filzreste, Draht, grünes Floristenband, Knetmasse, Blumentopf.

Für die kleinen Blütenblätter Drahtform über Bleistift oder Röhrchen herstellen. Jede Blume besteht aus 5 Blättchen.
Ein kleiner gelber Filzstreifen, etwa 5 mm breit, bildet die Blütenmitte, um die 5 Blütenblättchen mit dünnem Draht gebunden werden. Stiel mit grünem Floristenband umwickeln.
Für den Blumentopf brauchen wir etwa 12 grüne Blätter. Stiele mit Band umwickeln. Die 25 Blüten und 12 Blätter harmonisch im Topf arrangieren (Steckmasse).

Bunter Nelkenstrauß

(Bild auf nächster Seite)

Wir brauchen dazu: gestärktes Strumpfgewebe, Myrthendraht, grünes Floristenband.

6–8 Kreise aus gestärktem Gewebe schneiden. Entsprechend der Zeichnung falten und einschneiden. Mit Myrthendraht abbinden.
Je nach Größe der Nelken 6 bis 8 gefaltete und eingeschnittene Teile mit Draht zusammenbinden. Aus dunkelgrünem Floristenband Blätter schneiden und an den Stiel beim Umwickeln mit Band anbringen. Die Knospen bestehen nur aus einem gefalteten Teil.

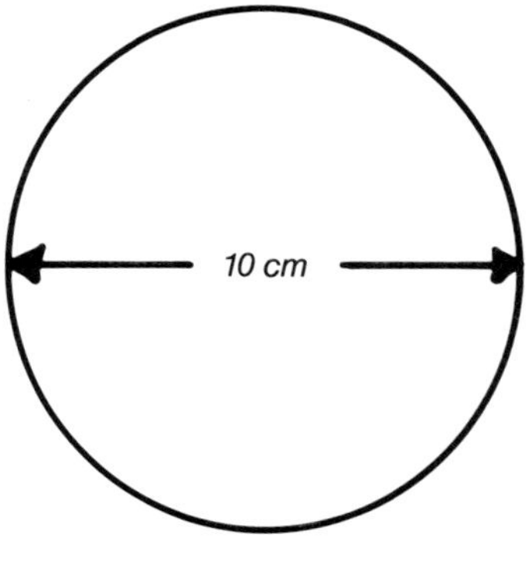

Auf ein Viertel falten und einschneiden

Ein bunter, fast echt wirkender
Nelkenstrauß

Wickenstrauß

Wir brauchen dazu: gestärktes buntes Strumpfgewebe, Myrthendraht, Floristenband.

Nach Zeichnung Blütenblätter schneiden und zur Blume formen. Für die Knospen kleinere Blütenblätter zusammenwickeln. Dünnen Draht mit Floristenband umwikkeln, über eine Stricknadel zu kleinen Spiralen drehen. Mit der Knospe oben anfangen und Blütenrispen machen. Die Blätter sind aus doppeltem grünem Floristenband.

So entsteht die Wickenblüte aus 4 Teilen: Kleinstes Blütenblatt in der Mitte zusammendrehen, die zwei Blütenblätter um die Mitte legen und mit dem großen Blatt zusammenbinden.

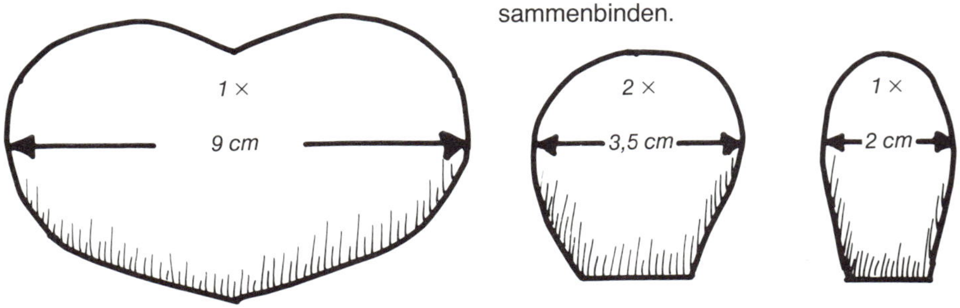

Blütenkranz

Aus buntem Material verschieden große Blüten mit etwas längeren Stielen herstellen. Blüten mit Floristenband zum Kranz zusammenbinden.

Wanddekoration

Wir brauchen dazu: Buntes Strumpfgewebe, Draht, Staubgefäße, kleine Trockenblumen, Ruskus, Farn, Knetmasse, 1 Holzspanteller aus dem Bastelgeschäft.

Strumpfgewebeblümchen herstellen. Auf die Korbunterlage ein Stück Knetmasse drücken. (Mit ein paar Stichen quer über die Knetmasse übernähen. Im warmen Zimmer könnte die Masse weich werden und abfallen.) Schön verteilt alles arrangieren.

Strumpfgewebe mit Tauchlack bunt gefärbt

Besonders reizvoll kann es sein, entfärbtes oder naturweißes Strumpfgewebe mit Tauchlack zu färben. Die Auswahl an kräftigen und dezenten Tauchlackfarben in transparent und deckent ist groß. Das Strumpfgewebe wirkt dadurch wie gestärkt. Dies kann für manche Objekte von Vorteil sein. Das fertig abgebundene Einzelblatt wird in Tauchlack getaucht, wobei die Größe der Drahtschlinge keine Rolle spielt. Ansteckblumen werden durch die Tauchlackschicht sehr stabil und wetterfest.

Eine Leuchte aus Strumpfgewebe

Diese Zwillings-Stehlampe zeigt, welche Spannweiten möglich sind. Je größer allerdings die Form, umso stärker sollte der Draht sein, damit er sich durch die Spannung des gestrafften Gewebes nicht verbiegt.

Den Anstoß zu dieser originellen Stehlampe gab ein ausrangiertes Lampengestell, das zufällig gefunden wurde. Zunächst galt es, eine fantasievolle Form für den „Lampenschirm“ zu finden. Man entschied sich für dieses blumenähnliche Gebilde, das Fröhlichkeit ausstrahlen sollte. Realisiert wurde es mit zarten Aquarelltönen.

Das volle Licht dieser hohen Stehlampe wird an die Decke geworfen, während es seitlich nur gedämpft sichtbar wird.

Orchideen aus Strumpfgewebe

Die kostbarsten Orchideen wachsen in tropischen Ländern auf Bäumen. Dieses Gesteck erinnert daran.
Blüten und Blätter können in Form und Farbe äußerst originell und fantasievoll gestaltet werden. Anregungen bieten Werke über Orchideen, die in Bibliotheken einzusehen sind. Der vergrößerte Ausschnitt auf der rechten Seite zeigt den Aufbau der Blüte. Die Transparenz des Gewebes, in Verbindung mit der schwungvollen Form der Blütenblätter, wirkt festlich und fast „echt".
Dieses exotisch wirkende Arrangement kann sicher als Anregung zu eigenen Experimenten dienen.

ISBN 3-7724-0360-3 · Best.-Nr. 672

 16. Auflage 1981

frech-verlag

GmbH + Co. Druck KG Stuttgart
Druck: Frech, Stuttgart

Auf folgenden Seiten abgebildete Arbeiten stellten uns freundlicherweise zur Verfügung:
Waso-Hobby, Solingen, Seiten 35, 40, 42, 44 unten, 45, 46, 47, 48
C. Kreul, Forchheim, Seite 44 oben und letzte Umschlagseite.